Vor-Lesestufe

Judith Allert

Hotel Tierlieb

Mit Bildern von Sandra Bayer

Ravensburger

Bibliografische Information der Deutschen Nationalbibliothek:

Die Deutsche Nationalbibliothek verzeichnet diese Publikation
in der Deutschen Nationalbibliografie.
Detaillierte bibliografische Daten sind im Internet
über http://dnb.d-nb.de abrufbar.

1 3 5 4 2

Ravensburger Leserabe
© 2022 Ravensburger Verlag GmbH
Postfach 2460, 88194 Ravensburg
Umschlagbild: Sandra Bayer
Fachberatung: Dr. Birgitta Reddig-Korn
Printed in Germany
ISBN 978-3-473-46185-1

www.ravensburger.de
www.leserabe.de

Inhalt

Ein Haus voller Gäste

 Max und  Lena leben

mit ihren

in einem ganz besonderen  .

Im  Tierlieb!

Hierher kommen keine  ,

sondern  .

Oft ist das ganze  voll.

 Henni zum Beispiel

sitzt am liebsten im  .

Dort gackert sie ein lustiges

und legt auch gerne mal ein  .

 füttert mit .

Dabei krault sie ihr sanft die   .

Da gurrt  glücklich.

Sie hört sich an wie eine  .

9

Klaus ist schon ein alter  .

Er hat fast keine  mehr

und liegt gern faul in der  .

Und wenn  ihm dann

den  schrubbt,

hält  ganz still.

 Caruso sitzt am liebsten

am . Da kann er ganz gemütlich

die  im   beobachten.

„Aber nur gucken, nicht fressen!",

ruft .

 maunzt unschuldig.

 Bruno gefallen

die alten  von  am besten.

Meistens hört er die mit .

Da halten sich  und

lieber die 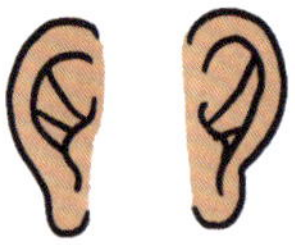  zu.

„Wo steckt denn  Fritzi

schon wieder?",

ruft  auf einmal.

 versteckt sich so gern.

 und  suchen überall.

Unter dem 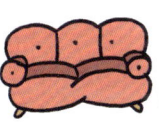, auf dem

und in jeder  .

Alles vergeblich!

guckt  streng an.

„Warst du das?

Hast du  verputzt?"

Doch macht ein ,

als wäre er ein kleiner  .

Auf einmal kichert  .

„Guck mal auf deinem  !"

 hat es sich in den

von  gemütlich gemacht!

 grinst von einem

zum anderen.

Chaos mit Känguru Karla

Auch  Karla

besucht oft das 🏨 Tierlieb.

Wie alle 🦘🦘 hat 🦘

einen 🧺 vorne am 🐨.

Da setzt sich gerne  hinein.

Einmal hat sie darin sogar

ein ⬭ versteckt.

Ein 🐤 ist aber

nicht geschlüpft.

17

 hat es auch faustdick

hinter den 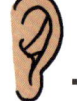.

In ihrem 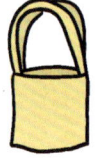 versteckt sie alles,

was sie in die  bekommt.

Sie ist eine richtige  !

Und sie ist schnell wie der  !

Da müssen  und

ganz schön aufpassen.

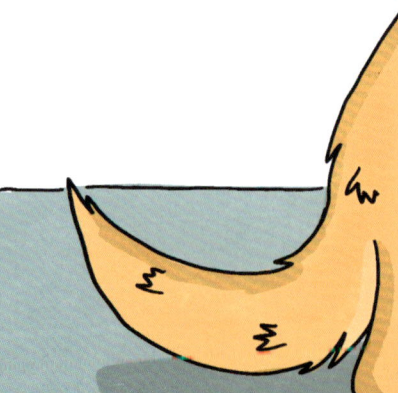

Erst schnappt sich

den 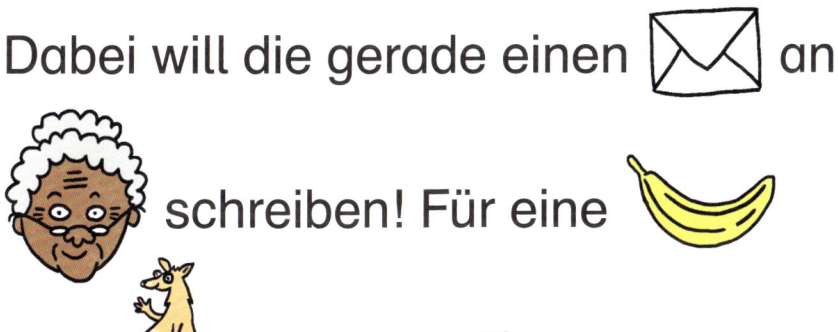 von .

Dabei will die gerade einen ✉ an

🧓 schreiben! Für eine 🍌

gibt  🦘 den ✏ zurück.

Als Nächstes ist der

von  dran.

Schnell steckt  ihn in ihren .

„Der gehört doch auf

den !", sagt .

Da schiebt  sich den

hinter die .  lacht.

„Willst du  spielen?"

Diesmal bekommt  einen .

Dafür kriegt  den  wieder.

klaut die  von

und die  von  .

Der  von

ist jetzt kugelrund wie eine  !

Und sie hat noch immer nicht genug.

„Haltet die  !", ruft .

Sein  ist voll mit weißem  .

„ hat

meinen 🪒 geklaut!",

schimpft er. „Langsam

hab' ich die 👃 voll!

Wenn 🦘 sich nicht

benehmen kann,

darf sie nicht mehr ins

🏠 !" 🧔 ist sauer

wie eine 🍋 .

Die anderen  sind

ganz zappelig geworden.

Sogar 🐊 ist

aus der 🛁 gekrabbelt.

🐔 flattert ängstlich

auf den 🗄.

24

Doch dort sitzt schon !

Der erschrickt

und hüpft maunzend auf den .

Mit der  schubst er dabei

einen ⬭ herunter.

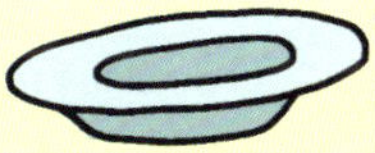

Krachend landet er auf dem ⬭.

„Wauuuuu!"

Jetzt springt auch noch

jaulend aus seinem  .

Er rennt 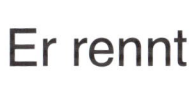 genau vor die .

Auch die schüttelt streng ihren  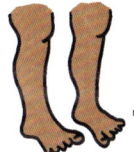.

„So kann das mit

nicht weitergehen!"

Reif für den Zirkus

Am nächsten  gehen und

in den .

und sollen solange

auf die aufpassen.

Bald schon ist

das  von weg.

Natürlich steckt  dahinter!

und müssen

sich etwas einfallen lassen.

darf

nichts mehr klauen!

Diesmal bekommt

keine  .

Das  darf sie erst mal behalten.

Vielleicht ist sie nur eine  ,

weil wir sie dafür belohnen!",

sagt  .

„Belohnen wir sie lieber für etwas

anderes", schlägt  vor.

„Guck mal, !", ruft 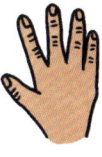.

Er hat einen  in der

und wirft ihn  zu.

 fängt ihn

mit beiden .

„Toll!", jubelt .

Dafür bekommt

eine .

 holt die

aus der  .

„Ob  das auch schafft?", fragt er.

 nimmt den

und schleudert den

über den  .

 ist viel zu langsam.

„Lahme  !", lacht  .

Da mopst ihr  schnell

ein Stück

aus der  .

Das hat sich

aber so richtig verdient!

„Vielleicht war sie früher

beim  ?", überlegt .

Denn 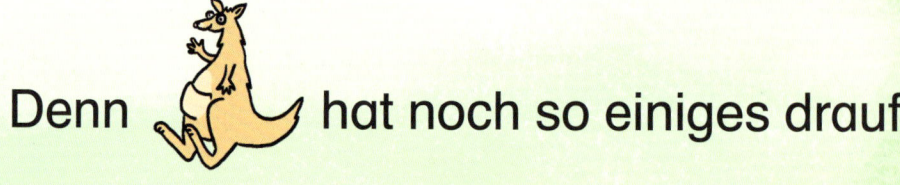 hat noch so einiges drauf!

Sie hüpft mit dem 🪢

und jongliert zwei 🔵🔵.

Sie kann 🤸

und sogar auf dem 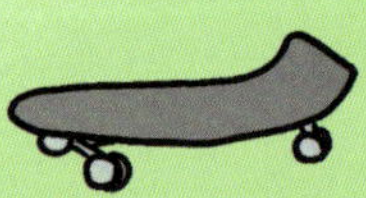 🛹 fahren!

34

Die anderen  haben

gespannt zugesehen.

Jetzt bellt  begeistert.

 gackert aufgeregt.

 maunzt beeindruckt.

 klappt sein  ganz weit auf.

 klettert schnell

hoch hinauf auf den  von .

Sie piepst ganz entzückt.

 lacht.

„Vielleicht sind die ja alle

reif für den !"

 klatscht in die 🖐🖐.

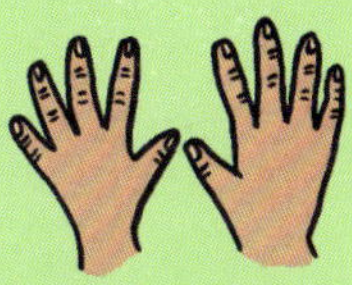

„Na dann los!"

37

Tatsächlich!

Jedes  kann etwas

ganz Besonderes!

 springt durch einen .

 stellt sich auf zwei .

 spielt mit .

tanzt .

38

Nur  ist müde.

Er verzieht sich lieber wieder

in seine  .

Und auch die anderen

sind jetzt schlapp.

Sogar  !

Alle legen sich unter den

 im ... und schlafen.

Als  und nach

kommen, sind sie ganz schön verdutzt.

„Brav wie  !

Wie habt ihr das nur gemacht?",

staunt .

 und halten sich gähnend

die vor den .

„Das erzählen wir euch später!"

Dann kuscheln sie sich neben die  .

Rätsel 1 **Folge den Buchstaben!**

Was möchte Känguru Karla klauen?
Folge den Steinen mit K.

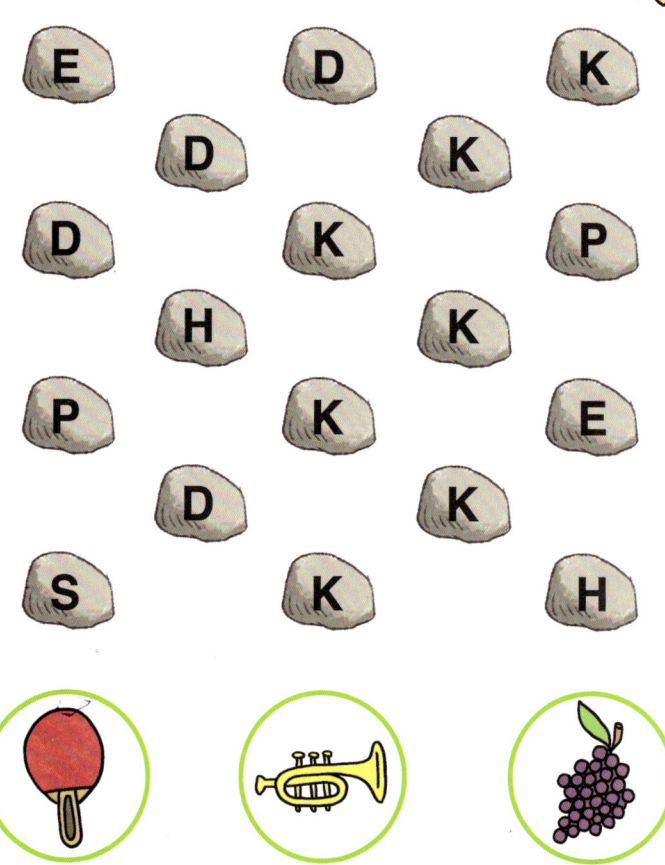

42

Bilderpuzzle

Hoppla, hier sind einige Bildausschnitte durcheinandergeraten. Welche beiden Ausschnitte passen nicht ins Bild?

1 **2** **3** **4** **5**

Lösungen
Rätsel 1: Die Trompete, **Rätsel 2**: 2, 5

Finde den Fehler!

Findest du die drei Unterschiede?

Was passt hier nicht dazu?

In jeder Reihe passt ein Bild nicht zu den anderen.
Welches?

Lösungen
Rätsel 3: Blaue Zahnbürste, Wasserhahngriff, Ei,
Rätsel 4: Teller, Skateboard, Waschbecken

Rätsel 5

Rätsel für die Rabenpost

Wer übt nicht für den Zirkus?
Du findest es heraus, wenn du die Bilder
durch Anfangsbuchstaben ersetzt.
Lass dir dabei von deinen Eltern helfen!

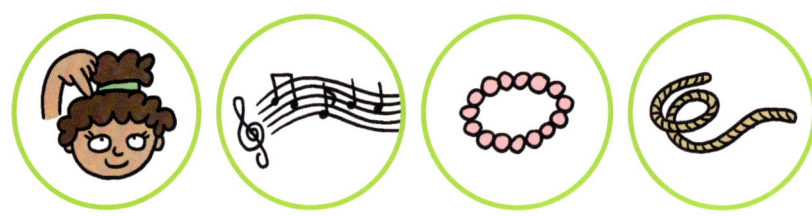

Lösungswort

U